কামিনী ও বাকিরা

শুভম ভট্টাচার্য্য

Copyright © Subham Bhattacharjee
All Rights Reserved.

ISBN 978-1-63997-333-0

This book has been published with all efforts taken to make the material error-free after the consent of the author. However, the author and the publisher do not assume and hereby disclaim any liability to any party for any loss, damage, or disruption caused by errors or omissions, whether such errors or omissions result from negligence, accident, or any other cause.

While every effort has been made to avoid any mistake or omission, this publication is being sold on the condition and understanding that neither the author nor the publishers or printers would be liable in any manner to any person by reason of any mistake or omission in this publication or for any action taken or omitted to be taken or advice rendered or accepted on the basis of this work. For any defect in printing or binding the publishers will be liable only to replace the defective copy by another copy of this work then available.

মা ও বাবাকে

বিষয়বস্তু

ভূমিকা	vii
1. কামিনী	1
2. বন্ধু	8
3. বিষের ঋন	10
4. বীমা	11
5. ভুমিকা বদল	12
6. রোদ বৃষ্টির কাব্য	13
7. তোমার আমি	28
8. নববধূ	30
9. সাহায্য	36
10. সেই পুরানো বাড়ি	37
11. যেমন তেমন	41
12. আবরা কে ডাবরা	42
13. মানুষ খাবে কী?	43
14. কারা ও কাদের?	44
15. খুকুর অঙ্ক	45
16. বেকার প্রয়াস	46

• v •

ভূমিকা

আমি কবিতা লিখতে শুরু করি খুব ছোটোবেলা থেকে। কিন্তু সেই কবিতা গুলি পড়লে হয়তো যেকোনো পাঠক ভিমড়ি খাবেন। অথবা ওষ্ঠ হইতে দন্ত খুলে যাওয়ার মতো বিচ্ছিরি কান্ড ঘটতে পারে। যদি ভেবে থাকেন যে নিছক মজার ছলে এ কথা বলছি, তাহলেও কিন্তু, আমার পুরানো কবিতা পড়তে গিয়ে যখন আমার গলা শুকিয়ে কা্ঠ আর পাশে হাসির হাট হয়ে যেতো, সে সময়ের অনুভূতি মজা হতে পারেনা। কিন্তু সেসব কবিতাগুলি ঘেটেও যখন কিছু অবশ্য প্রকাশীয় বা তার থেকে বলা শ্রেয় প্রকাশযোগ্য কবিতা পেলাম, তখন নিজেকে সংযম করে রাখা আমার সাধ্য কুলোয়নি। সেক্ষেত্রে কবিতা গুলি পড়ে যদি আপনার যথেষ্ট না লেগে থাকে বা মনে হয় আপনার অতি প্রয়োজনীয় অর্থ জলে ঢালিয়া এসেছেন। তাহলে আমার বাড়ি বয়ে এসে আমাকে তিরস্কার না করে, শিশু বেলার মজার স্মৃতিচারন ভেবে ক্ষমা করে দেবেন আশা করি।

প্রচুর বানান ভুল থাকার কারনে ও সময় এর অপ্রতুলতায় সেগুলিকে পরিবর্তন না করতে পেরে খহমা প্রার্থী।

1. কামিনী

১

তপ্ত দুপুরে,
সবুজ মাঠের ক্ষেতে,
হেটে চলেছিলাম
নিরুদ্দেশে।
হঠাৎ নদীর পারে,
শীতল হাওয়া গায়ে মেখে,
মেঘের আগমনে,
বৃষ্টি এলো ঝেপে।
ছুটেছিলাম কতখানি জানিনা,
দাড়িয়ে ছিলাম
ছাউনি খুজে।
ছোট্ট কুড়ে ঘর।
ঝমঝমিয়ে বৃষ্টি আমায়,
উড়িয়ে নিয়ে
যেতো কোথাও দূরের দেশে,
হয়তো সেথায়
নিরুদ্দেশে।
তখন তুমি এলে হঠাৎ!
কোমরে কলসি,
জল ভর্তি।
শরীর ভিজে,

কামিনী ও বাকিরা

কাপর ভিজে।
কাপর তুলেছো মাথার ওপর,
আমায় দেখে চমকে গেলে।
আমিই বলি হঠাৎ করে,
কেগা তুমি?
স্পষ্ট ভাষায় বললে আমায়,
'কামিনী'
বেশ খানিক ক্ষন শুধুই বৃষ্টি,
ভিতর বাহির সবখানেতে।
খানিক পরে রোদ উঠলে,
বসতে দিলে তোমার ঘরে।

গেলাম ঘরে,
পাতার ছাওয়ায়।
ভুলেই গেলাম,
যেতাম কোথায়।
কার উদ্দেশ্যে,
নিরুদ্দেশে।
তুমিই কি সে?
সেই রমনী,
যেই রমনী
আমার আঁধার।
সেই রমনী,
যেই রমনী
সেই যামিনী।

২

সেবার আমি,
আপিস ঘরে
ঘুমোই বসে,
পাখার তলে।
বেয়ারা আমায় এসে বলে
'রাত ত বাবু অনেক হলে।
বাবুরা ত সব গেছেন চলে।
চা চলে?'
হাতের ঘড়ি,
রাত দশটা,
যায়নি আমার সেই ঘুমটা।
'ভো কখন বাজলো শুনি?'
জানবো কেমন করে?
হৃদয় তখন
শুধুই তুমি।
শুধুই তুমি।
বেড়িয়ে ছিলাম জলদি করে,
পৌছে বাড়ি, ট্যাক্সি ধরে
তোমায় খুজি।
তোমায় আঁকি, ড্রয়িং খাতা,
তোমায় খুজি, বইয়ের পাতা।
হারিয়ে গেছি আমি কোথায়,
হারিয়ে গেলে তুমিও বুঝি।

৩

কামিনী ও বাকিরা

বছর তিরিশ পর,
কোন এক পূর্নিমার রাতে,
শুয়ে ছিলাম খাটে,
অন্ধকারে।
আবার।
আবার তোমায় দেখেছিলাম,
নীল আলোয়, পুকুর পাড়ে
জানলা দিয়ে।
বয়স তখন দুই-কুড়ি,
'ফুলের কুঁড়ি' তোমায় আমি,
খুজেছিলাম সেখানে।
পেয়েছিলাম
ঘাসের বনের,
অন্ধকারে।
আবার।
হাতের টর্চ,
আলোর ছটা
ভরিয়ে দিলো,
তোমার দেহ।
ভাসিয়ে দিলো,
আমায় আবার।
ঘুম ভাঙলো,
গিন্নি ডাকে,
চেচিয়ে বলে,
'ডাকছো কাকে?
কোন সে সতীন, আমার শুনি?
কে মুখপুরি সেই কামিনী?'

চমকে উঠে
ধমকে বলি,
‘কানের মাথা খেয়েছো নাকি?’
গিন্নি আমার কান্না জোড়ে।
বলল আমার হাতটা ধরে,
‘তুমিই আমার রয়ছো বাকি,
যেয়োনা ছেড়ে।’
আমিও দিলাম দিব্যি ঠুকে,
‘যাবোনা ছেড়ে’

৪

আরো বছর বিশেক পর।
আমায় একলা ছেড়ে,
গিন্নি দিল পাড়ি।
দিব্যি গেলুম
দিব্যি ভুলে।
বেড়িয়ে গেলাম রাস্তা ধরে,
বাস ধরে, ট্রেন ধরে
নিরুদ্দেশে।
পিচগলা রাস্তা ছেড়ে,
হেঁটেছি সবুজ মাঠ ধরে
দেশবিদেশে।
ঝড় আসলে,
হেঁটে গেছি,
রোদ্দুর এলে,
হেঁটে গেছি।
শেষে বৃষ্টি এলে পর,
দাড়িয়েছি।

পাতার ছাউনি,
ছোট্ট কুড়ে ঘর।
তুমি এলে তারপর।
চিনিনি জানিনি,
তুমি সে কামিনী।
আমার রাত্রি যাপন,
স্বপন যামিনী।
ঝমঝমিয়ে বৃষ্টি পরে,
বসতে দিলে ঘরে।

৫

বেশ খনিক্ষন নিস্তব্ধ,
বৃষ্টি কমলো খানিক,
উঠল ঝড়
পরলো বাজ।
তুমি আঁকড়ে ধরলে হাত।
রোমাঞ্চকর রাত
অসীম যামিনী,
শুধুই তুমি,
আমার তুমি
আমার কামিনী।
ঘুম ভাঙলো আবার,
কোন এক রোউদ্রজ্জ্বল দিনে,
ভুল ভাঙলো পরে,
কোথায় ঘরে পাতায় ছাওয়া,

শুভম ভট্টাচার্য্য

কোথায় কামিনী ঘরে?
আলোয় আলোয় অগ্নি আমায়,
মিশিয়েছে ভুমিপরে।
কামিনীর বেশ ধরে,
যামিনীর মতো করে।।

2. বন্ধু

আমরা সব বন্ধু হই,
একসাথে লিখছি বই,
একটু হাট, আস্তে চল
খুনশুটি।
একনামে চিনবে সব,
আমাদের এক স্বভাব,
কাব্য কর, চল ছুটি,
কাটাকুটি।

কবিতা গল্প হোক
ফেসবুকে হাজার গ্রাহক
ছন্দ নে, আজ খেলি
চল খেলা।
চল খেলি, লুটোপুটি
সঙ্গে চল, কাটাকুটি
আজ ছুটি, বৃষ্টি হোক,
এই বেলা।
রাতদুপুর সন্ধ্যেতেই,
একলামন বন্ধু নেই,
মনকেমন যন্ত্রনার
গল্প হোস।

সাতসকাল রুমালচুরি,
কিতকিত আর ড্যানগুলি,
খেলতে চল, বন্ধু মোর-
একটু বোস।

আজ রাতে, ফিষ্টি চল
রাত জেগে ভলিবল
ডায়েরি আন, লিখবো চল
কবিতা।
লাল পাড়ার নীল শহর
গল্প দেয় কাব্য কর
তার মাঝে তুলে নিস
ছবিটা।

3. বিষের ঋন

বিষ কেনার পয়সা নেই,
মরতে নেই রুচি।
মানুষ মেরে তাইতো মোরা,
খাচ্ছি রুটি লুচি।
জানি সে রুটি, বিষের সমান,
মৃত্যু হবে শেষে।
তবুও তো তার দাম মেটালাম,
ঋন যাবোনা রেখে।

4. বীমা

খাতায় বসে অঙ্ক করো,
গুণের নেইগো সীমা,
দুর্ঘটনায় প্রানটি গেলে,
করিয়ে রাখো বীমা।
দুবেলা যার ভাত জোটেনা,
তাদের বীমা হবে?
তাদের পেটের জীবনবীমা,
করবে তুমি কবে?

5. ভুমিকা বদল

পূর্নিমার চাঁদ,
আজও আছে
আগের জায়াগায়।
বদলে গেছে মানুষ,
আমি, তুমি
অন্য ভুমিকায়।।
চরিত্ররা আছে।
পদ্য আছে,
গল্প তেই।
কান্না আছে, দুঃখ আছে...
মিল নেই।।

6. রোদ বৃষ্টির কাব্য

রোদআসুক

আকাশে হালকা মেঘ করেছে। টিপ টিপ করে বৃষ্টি পড়ছে। মৃদু হাওয়ায় ঘাসগুলো, মাথা নাড়া দিচ্ছে হালকা। ডগায় ছোট্ট শিশির বিন্দু গুলো, তলতল করছে যেনো। বিস্তৃত ঘাসিয়ারী তে একটা ছোট্ট বেঞ্চি। একলা বেঞ্চির ওপর, বসে আছে একলা একটি মেয়ে। রুপে লাবন্য। সেই ছুয়েছে যৌবনের দোড়গোরা। লম্বা টানা চোখের কাজলের তলায় ফর্সা গালের অংশে লাল একটা ব্রন। কানের পাশে উড়ছে চুল। পিঠের চুল এলো করা।

শ্বেতশুভ্র সাদা দাঁত দিয়ে, কামড়ে ধরে লাল কোমোল ঠোঁট। হাতে একটা ডায়েরী ছিলো। সেটা বেড় করে, লিখতে আরম্ভ করে কিছু। লাল পেনের কালি,তার, রক্ত দিয়ে লিখতে থাকে, একের পর এক লাইন। লাইনের সাথে সাথে, মেয়েটির প্রত্যেকটি অঙ্গ, খেলতে থাকে, নির্ধারিত ছন্দে।

এমন কোন সময়,
যখন একলা লাগে খুব।
বন্ধ চোখে,
নিজের মনে,
প্রেম সাগরে ডুব!
প্রেম!
না না।
বিশাল মায়া!

কষ্ট পেয়ে, দুঃখ পেয়ে, লাভ কী?
তার চেয়ে,
ভালোই আছি!
একলা কাটুক সময়।
যদি বা কোনো রাজপুত্তুর...
যদি বা কোন রাজপুত্তুর হঠাৎ করে আসে।
ঘোড়ার গাড়ি-
নেই বা এলো।
আসুক না কোন বাসে।
আমার জন্য ফুলের ডালা, সাজিয়ে দিক ঘাসে।
আমি না-হয়,
'না' বলব।
দেখি না,
সে কী করে!
আমার মনের দরজা খুলে,
ঢুকতে যদি পারে।।

নিজের মনেই হেসে ওঠে মেয়েটি। সে বুঝতে পারে যে, নিজের মনের মধ্যেই একটা দোলাচল। তার মন দুলছে হাওয়ার। হালকা হয়ে আছে এখন। হয়তো বা, সে-ই চাইছে হালকা করে দিতে। কেউ যদি উড়িয়ে নিয়ে যেতে পারে তাকে।

টিপটিপ বৃষ্টিতে, একবার ওপরে তাকালো মেয়েটি। বৃষ্টির প্রত্যেকটা ফোটা, উপভোগ করতে চাইলো সে। তার শরীরের গরমে, ঠান্ডা জলের, মৃদু ছন্দের নৃত্য, তাকে জাগিয়ে তোলে। করে তোলে আরো উষ্ণ। ঘাসগুলো বেশ জোড়ে দুলে উঠলো একবার। যেনো বলল, মেঘলা দিনেও, রোদ আসছে। রোদ আসুক।

ভেজাগল্প

ভিজে ঘাসে, পায়ের শব্দ হয়না। তাও কোন এক যাদুবলে বোঝা যায়, তার উপস্থিতি। যদি কখনো কারো জন্য, অধীর আগ্রহ থাকে। তাহলে, অচেনা মানুষের উপস্থিতিও জানান দেয়। সময় বলে, নিজের করে নিতে।

একটি ছেলে, এসে বসে মেয়েটির বেঞ্চিতে। ছেলেটির বসার সময়, হঠাৎ করেই হাওয়া দেয় খুব জোড়ে। ছেলেটির গায়ের, সুগন্ধীর গন্ধ, কাঁপিয়ে দেয় মেয়েটিকে। আরো গরম করে তোলে।

ছেলেটি, মেয়েটির বয়সিই। যৌবনের আলো, তাকেও সেঁকে দিয়েছে খানিক। কপালে চার-পাঁচ টা ব্রণ, জানান দেয় সে কথার। ছেলেটির পড়নে, সাদা পাঞ্জাবি। পরিপাটি করে, আচরানো চুল। গায়ের রঙ উজ্জ্বল। এতোটাই উজ্জ্বল যে, মেঘলা আকাশেও, রোদের উষ্ণতা বিকিরিত হয়ে, ছিটকে যায় মেয়েটির দিকে। গরম করে তোলে, আরো গরম। ছেলেটির হাতেও একটি ডায়েরী। নতুন, একেবারে নতুন। প্রথম পাতাটা খুলে নেয় সে। একবারটি পাশের মেয়েটিকে, দেখে সে আড়চোখে। তারপর লিখতে শুরু করে নিজের মতো।

বেশ তো কাটল সময়,
শিশু, বালক।
কিশোর বয়সে প্রেম না হলে,
সময় টা কি জমে?
সময় না হয়,
একটু সাজুক,
মনের মধ্যে বাদ্যি বাজুক।
ভালোবাসার নামে।

না!
ভালোবাসাবাসি না হলে,
ম্যাচিউরিটি আসেনা।
ঠিক ভালো লাগেনা।
বন্ধুরা পাত্তা দেয়না।

মেয়েটির চিন্তা ভাবনার প্রবাহ টা যেনো, একই সাথে চলছিলো। হাতের পেনটা যেনো, ছন্দ মিলিয়েই লিখে চলল লাইন গুলো।
হুম!
বন্ধুরা খেলো করে।
নিজেরা সব,
বয়ফ্রেন্ড নিয়ে ঘুরে বেড়ায়।
আর,
সময় চাইলে-
সময় নেই।
অ্যাটিটিউড!
উফ! পারিনা।

শুকিয়ে থাকা গল্প গুলো, বৃষ্টির ঝাপ্টায়, ভিজতে থাকে। ভিজে যায়, ডায়েরীর পাতা গুলো।

রোদএসেগেছে

হ্যা। রোদ এসে গেছে। ঘাসগুলো খানিকের জন্য, স্থির হলো বোধহয়। তারপর জোর হাওয়ায় আরো জোরে দুলে উঠলো। ছেলেটি কিছুক্ষন ভাবেনি মনে মনে। এবার মনটাই চেচিয়ে উঠলো বোধহয়।

গার্লফ্রেণ্ড একটা জোটাতেই হবে!।
হোটেলে খেতে নিয়ে যাবো,
ডিস্কো তে নাচ-
পার্টিতে ফুর্তি।
আর,
রাত জেগে,
প্রেম যাপন।

ছেলেটির মনের দোলাচল, আরো খানিক বেড়ে উঠলো। এবার চরম পর্যায়, ঘায়েল করলো চোখটাকে। আপনা না চাইতেই, দৃষ্টি গেলো, পাশের মেয়েটির দিকে।

পাশের মেয়েটি মন্দ কীসে?
বেশ আনমনা হয়ে আছে না!
নিঃসঙ্গ নাকি?
আমার মতো একলা?

উষ্ণরোদেরউষ্ণতাবেড়েওঠে

উষ্ণ রোদের উষ্ণতা বেড়ে ওঠে ধীরে ধীরে। সেই উষ্ণতাতেই হয়তো, মেয়েটির মন আরো বেখেয়ালি হয়ে ওঠে। মেয়েটির যেনো বুঝে যায়, তার এখন কী ভাবা উচিত। অথবা, তার পাশের মানুষটিও যে, তার মতো কিছুই ভাবছে, সেটাও বুঝতে পারলো বোধহয়। বুঝতে পারলো বলেই হয়তো, উষ্ণ মনটা আকর্ষন পেলো একটা।

দেখতে-শুনতে মন্দ না!
ও যদি-
ও যদি আমার মতো একলা হতো!
একলা!
আমার মতো!

যদি বলতো...

উষ্ণ রোদের উষ্ণতা বেড়ে ওঠে ধীরে ধীরে। সেই উষ্ণতাতেই হয়তো, মেয়েটির মন আরো বেখেয়ালি হয়ে ওঠে। মেয়েটির যেনো বুঝে যায়, তার এখন কী ভাবা উচিত। অথবা, তার পাশের মানুষটিও যে, তার মতো কিছুই ভাবছে, সেটাও বুঝতে পারলো বোধহয়। বুঝতে পারলো বলেই হয়তো, উষ্ণ মনটা আকর্ষন পেলো একটা।

দেখতে-শুনতে মন্দ না!

ও যদি-

ও যদি আমার মতো একলা হতো!

একলা!

আমার মতো!

যদি বলতো...

উষ্ণ রোদের উষ্ণতা বেড়ে ওঠে ধীরে ধীরে। সেই উষ্ণতাতেই হয়তো, মেয়েটির মন আরো বেখেয়ালি হয়ে ওঠে। মেয়েটির যেনো বুঝে যায়, তার এখন কী ভাবা উচিত। অথবা, তার পাশের মানুষটিও যে, তার মতো কিছুই ভাবছে, সেটাও বুঝতে পারলো বোধহয়। বুঝতে পারলো বলেই হয়তো, উষ্ণ মনটা আকর্ষন পেলো একটা।

দেখতে-শুনতে মন্দ না!

ও যদি-

ও যদি আমার মতো একলা হতো!

একলা!

আমার মতো!

যদি বলতো...

উষ্ণ রোদের উষ্ণতা বেড়ে ওঠে ধীরে ধীরে। সেই উষ্ণতাতেই হয়তো, মেয়েটির মন আরো বেখেয়ালি হয়ে ওঠে। মেয়েটির যেনো বুঝে যায়, তার এখন কী ভাবা উচিত। অথবা, তার পাশের মানুষটিও যে, তার মতো কিছুই ভাবছে, সেটাও বুঝতে পারলো বোধহয়। বুঝতে পারলো বলেই হয়তো, উষ্ণ মনটা আকর্ষন পেলো একটা।

দেখতে-শুনতে মন্দ না!
ও যদি-
ও যদি আমার মতো একলা হতো!
একলা!
আমার মতো!
যদি বলতো...
যদিবৃষ্টিআসে
হে নারী!
তুমিও কী-
তাহাই ভাবিতেছো?
যাহা ভাবিতেছি আমি।
একলা!
নিঃসঙ্গ এ জীবনেগ
হবে নাকি মোর সঙ্গীনি?

সত্যি যদি বৃষ্টি আসে! ছেলেটার মনে যে উত্তাপ, সেটা যদি এই মেয়েটার বৃষ্টি এসে শান্ত করে। সত্যি খুব পেতে ইচ্ছে করছে এই মেয়েটাকে। খুব পেতে ইচ্ছে করছে। ভিজতে ইচ্ছে করছে বৃষ্টিতে।

নারী!

সিক্ত নারী!

মেঘলা শরীর!

ভেজাক আমায়!

বৃষ্টিএলো

ঠান্ডা হাওয়া দিতেই, জমে থাকা জলীয় বাষ্প, বৃষ্টি হয়ে ঝড়ে পরলো মেয়েটির মেঘলা শরীর দিয়ে। ভিজিয়ে দিলো চারপাশ। কাপিয়ে দিলো সবাইকে।

হ্যা হবো।

আমিও চাই।

সঙ্গী চাই।

চাই তোমার মতন কেউ।

আমার যৌবন-

আমার যৌবনের শুকনো বালিয়ারী তে,

উঠুক।

উঠুক,

প্রেমের ঢেউ।

ভিজেযাবআমি

ছেলেটি কেপে উঠলো বৃষ্টির তোড়ে। অপ্রস্তুত ছিলো বেশ খানিকটা। এতো সহজে পেয়ে যাবে, ভাবেনি। এতো সহজে ভেজার অভ্যাস নেই তার। কিন্তু মানিয়ে নিতে সময় লাগে না। লাগে সাহস।

উঠুক তবে নতুন সুর,

তাল-

লয়,

আর,
ছন্দ।
রুপে আলো শরীর তোমার,
করুক আমায় অন্ধ।

বানভাসিমোরশুকনোচরা

বান আসে নদীতে। বৃষ্টি ডেকে আনে বান। শুকনো নদী, জোয়ারের জলে তৃষ্ণায় থাকে চিরকাল। জোয়ারের জল, শুকনো নদীকে ভরিয়ে দেয়। দুজন-দুজনকে ভরিয়ে দেয়। নির্ভরশীলতা গড়ে ওঠে, পরিপূর্ণতা থেকে। তাই প্রথম লগ্নে বান বান ডাকে। বান ভাসি।

কিন্তু সেই বান, জলের স্রোত থেমে যায়। জোয়ার ফিরতে চায়, ভাটায়। শুকনো নদী শান্তি চায়, রোদ চায়। রোদের আলোয়, আবআর শুকনো হতে চায়। শান্ত করতে চায় দুর্যোগ কে। বন্ধ করতে চায় ঝড়। নির্ভরশীলতা শেষ। পরিপূর্ণতা শেষ।

বয়ে চলে যাওয়া সময় স্রোতে,
বয়ে চলে এক প্রেম।
নতুন কোন দিক!
যতোই এগোয়,
বন্ধুর পথ;
হঠাৎ আঘাতে,
গতি হয় শ্লথ।
ভালোবাসা হয় ধিক!
প্রেমিক বলে,
'আর পারিনা,
আমি তোমার জন্য নই!'

কামিনী ও বাকিরা

প্রেমিকার সায়,
'তোমায় ছাড়াও,
একলা আমি রই।'
থাড়াই পথে, স্রোতের জোয়ার-
থামলো কোথাও এসে,
বুঝলো সবাই,
'ভালোবাসা নয়, ভালো বাসা এই,
সময় স্রোতে ভেসে।'
সময়ফেরেআবারখরা
বানভাসি মোর শুকনো চরা,
সময় ফেরে, আবার খরা।।

ভিক্টোরিয়া এখন একটা ব্রেকাপ প্লেস। কিন্তু যেখান থেকে শুরু, সেখানে শেষ করাটাই বাঞ্ছনীয়। বেঞ্চি টা শুকিয়ে গেছে ততদিনে। যেদিন, ছেলে মেয়ে দুটো দাড়িয়ে ছিলো, তাদের প্রেমের উৎপত্তি স্থলে। ভাসিয়ে দিতে এসেছিলো, অস্থি। দুজনেই অস্থির ছিলো খুব। মেয়েটা ততদিনে বাস্তব এ ফিরেছে, তাই সেই প্রথম বলে উঠলো। তারপর ছেলেটির একটা কথা, ভাসিয়ে দিলো অস্থি। স্রোত আবার এলো। ভাসিয়ে নিয়ে চলল দূরে। আরও দূরে।
- 'তুমিই প্রথম,
আমার জীবন তোমায় নিয়ে।
আমি পারবোনা-
আমি পারবোনা যেতে ছেড়ে।

তোমায় একলা ছেড়ে দিয়ে।'

- 'বেশ
তবে তুমি থাকো।
আমিই চলি তবে।
হয়তো তুমি আমার থেকে,
যোগ্য কাউকে পাবে।'

ছেলেটি শেষ কথা গুলো বলে, আবার পাড়ি দেয়, নতুন রোদের আশায়। নতুন মেঘের দিকে। নতুন বৃষ্টি ছুতে।

অসময়েযখনবৃষ্টিহয়

অসময়ে যখন বৃষ্টি হয়, তখন সেটা আর উষ্ণতার জন্ম দেয় না। শীতল করে দেয়, মনের গহ্বর। শীত লাগে মেয়েটার খুব। একলা ঘাসের উপর, আরও একলা লাগে নিজেকে। আপশোষ হয় নিজের।

সত্যি প্রেমের মতো,
খারাপ-
আর নেই কিছু।
প্রেম থাকলে,
কষ্ট- দুঃখ,
ছারবেনা আর পিছু।
চোখের জলে,
ভাসবে মনের-
চোরাকুঠুরির ঘর।
আমার মনে,
প্রেমের মাটি-
অনুর্বর।।

চোখের জল, মাটি অবদি গড়িয়ে যায় অনর্গল। গা ঝাড়া

দিয়ে ওঠে মেয়েটি। এমন সময়ে...

আমারসহচর

যখন নিজেকে খুব একলা মনে হয়, একলা সময়ে আরও একজনকে, নিজের মতো অবস্থায় পেলে। তাকেই ব্যঙ্গ করতে ইচ্ছে করে। নিজের প্রতি যে অবিচার টা হয়েছে, সেটা আয়নার ওপর দেখে, হাসতে ইচ্ছে করে। অনুশোচনা হয় কী একটু? হয় বোধহয়।

মেয়েটির পাশে যখন একটা ছেলে, কাদতে-কাদতে এসে বসে। তখন মেয়েটিরো একটি অদ্ভুত অনুভব হয়। অনুশোচনা।

একী! কাঁদছ কেনো?
প্রেমিক তুমি,
ব্যার্থ তুমিও বুঝি?
চলো,
আমরা দুজন, একলা থাকার,
ব্যাবস্থাটা খুজি।।

কিছুক্ষন নিস্তব্ধ থেকে যায় চারিপাশ। পাখির অস্থির কুজন, ধ্বনিত হয় চারিপাশ-চারিদিক।

ব্যর্থবটেপ্রেমিকনই

ব্যঙ্গ ব্যাং ও করে। তার আওয়াজ, বুঝিয়ে দেয় ব্যঙ্গ। কিন্তু সেই ব্যঙ্গ, না জেনে কেউ করলে, সাপের মতো ফুসে ওঠে মন। শত দুঃখের মাঝেও, কাব্য জেগে ওঠে মনের ভিতর। ছেলেটা, কিছু বলত কিনা বলা যায়না। তবে বলতে হলো। কান্না থামিয়ে, বলার শেষ পরিশ্রম টুকু, ছেলেটার জীবনে হাজার পরিবর্তন আনলো কিনা বলা যায়না। কিন্তু, তার শ্রোতার, চক্ষু-ভঙ্গীর আয়না, ভেঙে চৌচির হয়ে গেলো।

ঠিক।
কাঁদছি আমি।

ব্যর্থ বটে,
প্রেমিক নই।
পাচটা নোট,
গুজে দিলে,
চাকরিটা পাকা-
হয়ে যেতোই।।
কিন্তু ঘুস দেবোনা আমি,
যা যাচ্ছে যাক...
দুর্নীতি-
স্থান না পাক।
নাই বা পেলাম চাকরী এবার।
তবে পেতেই হবে।
ঘরের টালি, পরছে ভেঙে।
কেউ,
ছাউনি টুকু, দেয়নি এনে।
সামনে আমার বোনের বিয়ে...
পন তো আমায় হবে দিতেই...
ব্যার্থ আমি, প্রেমিক নই।।
তাছারা,
প্রেম কী কোন সুযোগ নাকি?
ব্যর্থ আবার, হতে লাগে?
সত্যি যদি ভালোবাসা,
ব্যর্থতা কি, সত্যি থাকে?
কয়েকটা কথা, কয়েকটা লাইন, বিশাল একটা প্রশ্ন ছুড়ে দেয়। মেয়েটির দিকে। মেয়েটির মতো সবার দিকেও। বোধহয়। একটু ভাবতে হবে শুধু।
রোদআবারআসে

যখন বৃষ্টি থামে, আকাশের রোদ, ফিরে আসে আবার। মেঘেদের সময় হয়, ফিরে যাবার। মেয়েটি বুঝতে পারে। জড়িয়ে ধরে ছেলেটাকে। শরীরি বাধন নয়, এক অদ্ভুত বাধন হয়। গহ্বন মনের বাধন। মেয়েটি, চোখের জল মুছে বলে।

একী
তবে আমি কাদছি কেনো?
আমার,
কারন টা কী আজ কাঁদার?
আমি তো,
বেশ আলোয় আছি।
জড়িয়ে তোমায় আধাঁর।
আমার আলোয় ছাউনি দেবে?
তীব্র রোদের মাঝে।
আমায় তুমি রাখবে বলো,
তোমার নিজের কাছে?

রোদেরছাউনি

ছেলেটা কিছুক্ষন চুপ করে যায় আবার। কিছু বলবে না ভেবেও। বেঞ্চি ছেড়ে উঠে পরে। তারপর পিছন দিকে ফিরে, মেয়েটাকে একবার দেখে নেয়। তারপর বলে-

হাটতে চাইলে, হাটতে পারো,
আমার সাথে আবার,
তবে,
ক্ষমতা আমার নেই যেনো,
তোমার প্রেমিক হবার।
তোমার মাথার ছাউনি হয়ে,
থাকবো সারা জীবন।

তোমার আলোর উষ্ণতা তে,
আমার রাত্রি যাপন।।
শেষ। তবে গল্পটা এই শুরু হলো। নতুন এক শুরু। পরের টা নয়, পরে হবে। ধন্যবাদ।
বৃষ্টি গুলো শুধু জল নয়
বৃষ্টি গুলো শুধু জল নয়,
অভিমানে জমে থাকা বরফ।
গালের গড়ানে, চোয়াল ভেজে,
কাজল চোখে, পাগল সেজে,
ভিজছে লেখার হরফ।।

7. তোমার আমি

ঘন বরষায় আজও মন ডাকে,
মন ডাকে সেই তোমায়।
বাজের আলোয়, উন্মাদনায়,
জড়িয়ে ধরবে আমায়।
গাইবে রবি গুনগুনিয়ে,
শুনবো আমি পাশে,
ছাইবে মোদের মেঘের তলায়,
পরবে শিশির ঘাসে।
বাজাই বেনু, পাগল আমি,
তোমার প্রেমের ঘোরে,
তোমার হাসির বানভাসি মোরে,
ভাসায় জলের তোড়ে।
কলম ধরে, দুচার পাতা,
লেখার খানিক পরে,
মনটা আমার উসখুসিয়ে,
ছুটবে তোমার তরে।
আবার তুমি, ছলছলিয়ে
চাইবে আমার চোখে,
তোমার হাসির পাগলা ঘোড়া,
ছুটছে আমার বুকে।
টগবগিয়ে যাচ্ছি দূরে,
তেপান্তরের পানে,

শুভম ভট্টাচার্য্য

ফিরবো জেনো তোমার কাছেই,
    তোমার প্রেমের টানে।
হঠাৎ যদি নাইবা ফিরি,
    তোমার আচল তলে,
তবুও তোমার থাকবো আমি,
    যেওনা আমায় ভুলে।
বর্ষা এলে আবার ঘরে,
    বৃষ্টি গায়ে মেখো,
মেঘের দিকে চাহনি ফিরায়ে,
    আমায় তুমি দেখো।
আধার রাতে আকাশ মাঝে,
    তারার মাঝে আমি,
সেই তারাদের তলায় তুমি,
    খুজবে আমায় জানি।
আমায় পাবে তারার আলোয়,
    চাঁদের কালোর মাঝে,
আমায় পাবে তোমার ঘরের,
    বৃষ্টি ভেজা কাচে।
আমায় তুমি হয়তো আবার,
    দেখিতে না পারো পেতে,
যখন তুমি অশ্রুচোখে,
    দুঃখে থাকিবে মেতে।
তখন আমি থাকবো তোমার,
    অন্তর অন্তরে,
কাদবো বসে, হা-হতাশে,
    একলা তোমার ঘরে।

৪. নববধূ

লজ্জাবতী লতা বধু,
বিয়ের বাসর ঘরে
চুপটি করে ঘাপটি মেরে,
ছিলে কেমন করে।
আড্ডা ছিলো, গল্প ছিলো,
গান গাইয়ের মেলা
তোমার মুখে কেনো ছিলো
শুকনো দুপুর বেলা?
আমি ছিলাম নীল আকাশে,
দুরন্ত কোন মেঘ,
হাসি হুল্লড়ে আমার ছিলো,
ছুটন্ত এক বেগ।
সালা ছিলো, সেলেজ ছিলো,
চাটন খেলাম বহু,
তোমার হাসির বহর ভুলে,
বিরক্ত কেনো বধু?
যখন তোমার বন্ধু ছিলাম,
সঙ্গী হাসি মুখের,
এখন তো সব ভাগাভাগি,
রাগ-দুঃখ-সুখের।
তাও সে তোমার মুখখানা যে,
কেমন ত্যারা করে,

বদনখানা বাঁকিয়ে রাখো,
ভাল্লাগেনা মোরে।
রাত্রি যখন বাড়লো তখন,
এলিয়ে গেলাম সবে
তোমার চোখে জল দেখে তো
ঘুমটা গেলো উবে।
সকাল হলো, আমার বাড়ি,
যাওয়ার ছিলো তাড়া
সবাই বাড়ি পালিয়ে গেছে,
নিমন্ত্রিত যারা।
আমার মেজাজ ভালোই আছে ,
সুন্দরি এক বউ,
পাড়ার লোকে না জ্বলে আর,
পারবে না যে কেউ।
বড় লোকের বড় বেটি,
দেখবে চলার ঢঙ
মুখখানা কি মিষ্টি যে তার,
নেই সে সেজে সঙ।
পচার বউ লিপিস্টিকেতে,
রাঙিয়ে রাখে ঠোঁট
কেমন হয় পচার খরচ,
কড়কড়ে সব নোট।
পানুর দিদি পাউডারে তে,
ভড়িয়ে রাখে মুখ,
পানুর বাবুজামাই মশায়,
তবেই থাকে সুখ।
২

কান্নাকাটি হাসনহাটি,
সবকিছু শেষ হলে,
বাড়ি ফিরে বউকে মা মোর,
বরণ করে তোলে।
বেজার মুখে তখনো মোর,
দাড়িয়ে ছিলো বউ,
কীসের কারন, হাসতে বারন,
আর বোঝেনি কেউ।
কালরাত্রি কাটলো রাতে,
নেইতো কথা, বধুর সাথে
সবাই রাখে দূর।
দুরত্ব আজ রাখলে নাকি,
বিবাহিত জীবন বাকি,
থাকবে বহু সুখ।
পরের দিন সাতসকালে,
বউকে আমার কাপড় দিলে,
ভাত-কাপরের আচার।
তখনও মোর বউটি সোনা,
সবাই বলে আর কেঁদোনা,
মুখ করোনা ব্যাজার।

৩

আজ রাতে হয় ফুলসয্যা,
লজ্জা আমার হয়
বউকে দুটো মনের কথা,
বলব আমি নাহয়।
বউটি আমার হালকা মাথা,
কোলের ওপর রেখে,

আলতো ছোঁয়ায় নরম হাতে,
টিপে নাহয় দেবে।
সময় এলো, ফুলের দিনের,
সবার কতো হাসি,
খেপায় আমায় এই বলে লোক,
ফুল গুলো সব বাসি।
বউটা আবার নয়তো বাসি,
টাটকা নাকি পচা,
সুন্দরি যে বউ জুটেছে,
বুঝবে এবার মজা।
গায় করিনি, ওদের কথা,
বউকে আমার চিনি,
একটু রেগে বললে নাহয়,
লক্ষীটি হয়ে শুনি।
ঘরের হতে গন্ধ আসে,
মিষ্টি সুবাস ফুলের,
বউগো তোমার বহর কতো,
লম্বা ওই চুলের।
হৃদয় কাঁপে, ঢুকতে ঘরে
দিলাম ফেলে পা,
খাটের ওপর বউগো তোমায়,
দেখতে পেলাম না।
আশে পাশে তাকিয়ে দেখি,
সব কিচ্ছুই ফাকা,
কোথায় শুন্য ঘরের মাঝে,
তোমায় তো নেই রাখা।
আস্তে গিয়ে খাটে বসি,

তোমার হে কই চিহ্ন,
একটা জিনিস দেখতে পেলাম,
ছোট্ট পাতা জীর্ন।
সেথায় লেখা, তোমার কথা,
কান্না ভরা চোখের,
পালিয়ে গেছো আজকে তুমি,
সঙ্গে অন্য লোকের।
তোমার কিচ্ছুই নেইগো পরে,
একলা ঘরে আমি,
আজকে তোমার বেজার ও মুখ,
আমার হলো জানি।
রাস্তা ঘাটে কেমন করে,
দেখেবে লোকে আমায়।
হাসবে দেখে, কাঁদবে দেখে,
ফেলবে আমায় ধাধায়।
কেমন গুনী সুন্দরী বউ,
কেমন দিলো ফাকি!
উত্তর সব হারিয়ে যাবে
প্রশ্নটাই বাকি।
তার চেয়ে বরং ইদুর মারার
বিষের আছে ডিপে।
ফেলে রাখা ওই দুধের গ্লাসে,
মিশিয়ে নেবো নিজে।
চিন্তা নেই তোমার চিঠি,
গুলেই নেবো তাতে,
নতুন করে গল্প আমি,
লিখবো এই রাতে।

আমিই তোমায় তাড়িয়ে দিয়েছি,
রাত্রি জেগে আজি।
তোমায় নিয়ে আমিই বোধহয়
রেখেছিলাম বাজি।
হারলে বাজি রাগের চোটে,
তোমায় দিলাম ছুড়ে।
এই না লিখে চিঠি রেখে,
আমিও যাব দূরে।
তোমায় খুজে হয়তো লোকে
হয়তো পাবে আবার,
আমার জন্য মানুষ ইহ,
করবেনা খোজ আর।
হয়তো তোমায় বিয়ে দেবে,
ফুটবে মুখে হাসি,
আমি শুধু তলিয়ে যাব,
মাইল রাশি রাশি।
বিয়ের পর বউয়ের মুখে,
হাসি ফোটানোই কাজ,
রুপবতী তোমায় মোর,
মৃত্যু দিলাম আজ।।

৭. সাহায্য

'চল রানি,এবার উঠি! তোর কত বললি যেনো?'

'৪০০ দাবাবু'

'৪০০০ রাখ। তবে কাল থেকে দরজা বন্দ রাখিস। খদ্দের এলে ঢুকতে দিবিনা, আর তুইও বেরোবি না। জানিস তো...'

'জানি বাবু, দেশে মরক লেগেছে। আপনি টাকাটা রাখুন, আপনার পরে কাজে লাগবে। লকডাউনের সময় আপনাকেও তো খেতে হবে।'

'আর তুই কি খাবি?'

'জমানো টাকা কিছু আছে...'

'আর সরকার দেবে কিছু, তাতেই হয়ে যাবে। তাই তো?'

'হ্যা দাবাবু। আপনি এখন টাকা টা জমিয়ে রাখুন। লকডাউন খুললে, খদ্দের এলে, আমি টাকা পেয়ে যাবো। কিন্তু আপনার করপরেট আপিসে, মাইনে দিলে হয়। আপনার টাকাটা প্রয়োজন।'

'হ্যা। সে যা বলেছিস। আমাদের তো সরকার ও আর কিছু দেবেনা।'

'দেবেনা ঠিক না। আপনি সাহস করে নিতে পারবেন না। পাকা ছাদের তলায় থেকে, চালের জন্য, রেশন লাইনে দাঁড়িয়ে থাকার অভ্যেস টা আপনাদের একেবারেই নেই।'

'সেটাই। তাতে না খেতে পেয়ে মরা ভালো।'

'আমার কাছে আস্তে পারেন। দরকারে ফেরাবো না। সাহায্য নিতে নিতে, সাহায্য করার অভ্যেস টা ভুলে যাইনি দাবাবু।'

10. সেই পুরানো বাড়ি

১

সেদিন হঠাৎ করেই
দাড়িয়ে ছিলাম,
সেই পুরানো বাড়ি।
বৃষ্টি ছিলো সাথে,
ছিলেনা শুধু তুমি।
আকাশ ঘন কালো
মেঘ ডেকেছিলো,
বেশ কয়েক বার।
অন্ধকারে-
জ্বলে উঠেছিলো বারকয়েক,
সেই পুরানো বাড়ি।
বৃষ্টি ছিলো সাথে,
ছিলেনা শুধু তুমি।

২

স্বপ্ন সেখানে শুরু।
তোমার হাতে আমার হাত,
তোমার চোখে চোখ,
ঠোঁটে ঠোঁট।
জাপটে জড়িয়ে ধরে
থরথরিয়ে কাঁপি
বৃষ্টি নিয়ে ভিজি।

পিছন দিকে আঁধার,
সেই পুরোনো বাড়ি।
আজও তেমনি আছে,
বৃষ্টি আছে সাথে।
নেইগো শুধু তুমি।
চোখের কোলে জল
বৃষ্টি অনর্গল,
ভিজছে জামা।
খুজে খুজে মরি,
কোথায় তোমার শাড়ি।
সেই পুরোনো বাড়ি।
বৃষ্টি আছে সাথে,
নেইগো শুধু তুমি।

৩

হাতের গোলাপ ফুলে,
আজও রক্ত লেগে আছে
বিষাক্ত সেই খুনির।
আজও হঠাৎ রাত্রি জেগে,
গল্প আমি বুনি
পান্না হীরে চুনির।
কালোয় কালোয় ঢেকে ফেলে চারিধার,
হাহাকার করি হাহাকার।
শোনার থাকেনা কেউ।
আবার আলো আসে, নদী ভাসে,
ডেকে নিয়ে যায় বাড়ি।
ঘুম ঘুম চোখে,
আবার একলা আমি।

আবার দিনের শুরু,
আবার আরেক হাওয়া,
ব্যার্থ আমি, তপ্ত আজি,
কেনো এসব পাওয়া।
নয়তো আমার চাওয়া।

৪

বৃষ্টি থামতে
লাগলো খানিকক্ষন,
ঝড় উঠলো তারপর।
পশুরা ছুটলো ঘরে,
পাখিরা কুজন করে।
আমায় খোজে বাকি,
কেউ তো জানেনা এটা,
বাকিটা ব্যাক্তিগত,
বাকিটা লুকোনো আমি,
অপ্রকাশিত থাকি।
বৃষ্টি জানি আসবে আবার,
কাটলে ঝড়ের ঘোর।
আবার পাশে,
আমার হাতে,
ঠোঁটে ঠোঁট,
থাকবে তুমি
ঝরবে আবার,
থামলে পরে ঝড়।

৫

যেমন ভেবেছি আগে,
বৃষ্টি থামার পরে,

কামিনী ও বাকিরা

সেই পুরোনো বাড়ি।
বাজের আলোর ছটা,
কার্নিশে কে ওটা,
সেই তো লাল শাড়ি,
ফুলের মুখ ভারি,
অশ্রু ঝড়া চোখ
আমায় হারানো শোক।
ঝাপিয়ে পরলে,
আমার কোলে,
পাষান হৃদয়,
ভাঙলো বলে,
মৃত্যু হলো তোমার।
আমার শরীর রক্ত লেগে,
হাসছে যে কে, হাসছে যে কে,
সেই পুরোনো বাড়ি।
বৃষ্টি আছে সাথে,
নেইতো শুধু তুমি।।

11. যেমন তেমন

আমি যেমন-তেমন, যেমন তোমার,
বাসার ডালে চালে।
শিঙিমাছের ঝোল আমি,
পেটের গোলমালে।।
তোমার লাল পরীরা, অনেক ভালো
কোপ্তা কালিয়া কাবাব।
চোখের জলের কান্না তোমার,
কোথায় দেবে জবাব?

12. আবরা কে ডাবরা

আবরা কে ডাবরা,
আমি আজ খাবনা।
চোর ঢুকেছে সিঁধে,
পেটে নেই খিদে।।
ঝট পট ফট,
চোরের পিছে ছোঁট।
ঘরের প্রজাপতি,
কামড়ে দিলো ঠোঁট।।

13. মানুষ খাবে কী?

আজও যারা প্রতীক্ষা করে,
ভালো দিনের।
তারা আজকে হেরে গেলে,
মানুষ খাবে কী?
আজও যারা খোঁজ করে,
পেট ভরানো ভাতের।
তারা হাল ছেড়ে দিলে,
মানুষ খাবে কী?
মানুষ খাবে,
মানুষের মাথা।
ফুরাবে ব্যাথা।

14. কারা ও কাদের?

আজও পাশের বাড়ি ঝগড়া বাঁধে,
রাতও জাগে তারা।
তবুও হারের শিকার হয়ে,
হারিয়ে গেলো কারা?
আজও রাতে প্রনয় জাগে,
বাধন ভাঙে তাদের,
তবুও শেষে জাঁতায় পিশে,
মরতে হলো কাদের?

15. খুকুর অঙ্ক

খুকু শেখে কেমন করে,
অঙ্ক কষে লাখের।
ছ-অংকের মাইনে পেয়ে,
গোছায় কেমন আখের।
অঙ্ক তাদের কই কষেনা,
পায়না যারা খেতে।
দু-অঙ্কের মাইনে টুকুও,
দেয়না তাদের পেতে।

16. বেকার প্রয়াস

যখন বইয়ের শেষ পাতায়,
মুখ গুজে দিয়েও,
মাথায় ঢোকেনি।
দোষ তোমার নয়,
আমার।
বেকার প্রয়াস।
আগে বুঝিনি।

www.ingramcontent.com/pod-product-compliance
Lightning Source LLC
LaVergne TN
LVHW091934070526
838200LV00068B/1188
9781639973330